W0244382

EMBARQUE AVEC SAMANTHA DAVIES SUR SON NOUVEAU BATEAU !

Au cœur de la préparation du Vendée Globe

Dessins de

Mathias Rebuffé

Scénario : Mathias Rebuffé,
Samantha Davies, Tristan Duchet
Idée originale : Lucia Duchet

© Les Éditions du Chemin des Crêtes
www.chemindescretes.fr
Imprimé à Péronnas par Sepec en octobre 2024
Dépôt légal : 2e semestre 2024
ISBN : 9791095743590

Préface de Samantha Davies

Bienvenue à bord de mon nouveau bateau Initiatives-Cœur !

Cette bande dessinée est une belle occasion de vous faire découvrir les coulisses et les secrets de la préparation de mon bateau pour le Vendée Globe.

Pour arriver bien préparés, mon bateau et moi, sur la ligne de départ, il nous aura fallu auparavant plus de trois longues années de travail intense. En effet, concevoir, régler et maîtriser un nouveau bateau, ce n'est pas aussi simple que de monter sur un nouveau vélo. Ce serait plutôt comparable à apprendre à piloter un nouvel avion !

Il y a eu beaucoup de questionnements et de problèmes à surmonter. Pour cela, j'ai pu compter sur une super équipe. Ils ont été aussi très à l'écoute de mes différents besoins pour personnaliser le bateau pour que je m'y sente bien : une forme de carène qui amortit les vagues, de grandes fenêtres pour surveiller la mer et les voiles, et aussi un siège ergonomique très confortable. J'ai dû aussi beaucoup m'entraîner et apprendre plein de nouvelles choses pour être prête à prendre le départ.

Grâce à tout cela, je suis maintenant super motivée pour donner le meilleur de moi-même et faire un beau Vendée Globe, vous faire rêver, et ainsi sauver un maximum d'enfants grâce à l'association Mécénat Chirurgie Cardiaque.

Un immense merci à toute mon équipe, à mes sponsors mécènes (Vinci Énergies, K-Line, Les Chocolats du Cœur, Initiatives), aux Éditions du Chemin des Crêtes. Et enfin à Mathias, l'auteur de cette magnifique BD, qui a su retranscrire si justement tous les détails de la préparation, bravo !

On se retrouve sur la ligne de départ !

Vous pouvez soutenir Sam Davies pendant ses courses en vous abonnant, en likant et en partageant les publications d'Initiatives-Cœur sur les réseaux sociaux.

MECENAT CHIRURGIE CARDIAQUE
initiatives cœur
initiatives-cœur

C'ÉTAIT QUOI, ÇA ?
UN OISEAU ? UN BATEAU ? UN BATOISEAU ?

initiatives cœur
initiatives-cœur
WAHOU !
C'EST INCROYABLE !!
cœur
SAAM ! JE VOLE !!
JE V...
SPLATCH !

HA! HA! PAUVRE YAWA-OLIVIA ! VIENS TE SÉCHER DANS LE COCKPIT !
TU VOIS, LE BATEAU DÉCOLLE, MAIS PARFOIS, ON RETOMBE BRUSQUEMENT DANS LA MER !
ON N'EST PAS ENCORE COMPLÈTEMENT OISEAU !
MAIS LORS D'ENTRAÎNEMENTS COMME AUJOURD'HUI, JE M'APPLIQUE À LE FAIRE VOLER LE PLUS LONGTEMPS POSSIBLE.
DONC, CONFIRMATION, CE N'EST PAS UN OISEAU.
C'EST TOUT DE MÊME UN DRÔLE DE BATEAU...
SAM, TU VAS VRAIMENT FAIRE LE TOUR DU MONDE TOUTE SEULE SUR CE GRAND BATEAU ??
initiatives cœur

BIEN SÛR, C'EST NOTRE OBJECTIF : FAIRE UNE GRANDE COURSE AUTOUR DU MONDE EN SOLITAIRE ET SANS ESCALE, QUI S'APPELLE LE VENDÉE GLOBE !
ON PART DES SABLES D'OLONNE, EN VENDÉE, ET ON REVIENT AUX SABLES D'OLONNE APRÈS AVOIR CONTOURNÉ L'ANTARCTIQUE ET PASSÉ TROIS GRANDS CAPS : LE CAP DE BONNE-ESPÉRANCE, LE CAP LEEUWIN ET LE CAP HORN !
ON TRAVERSE TROIS OCÉANS ! D'ABORD L'OCÉAN ATLANTIQUE, PUIS LES MERS DU SUD : L'OCÉAN INDIEN ET L'OCÉAN PACIFIQUE !
LES TEMPÊTES PEUVENT Y ÊTRE ÉNORMES !
Royaume-Uni
France
Les Sable
d'Olonne
Togo
Océan Atlantique
AMÉRIQUE DU SUD
EQUATEUR
Cap Horn
Océan Pacifique

Portsmouth
Lorient
Les Sables d'Olonne
TU SAIS QUE JE SUIS ANGLAISE. JE SUIS NÉE ICI.
MAIS JE VIS EN FRANCE DEPUIS LONGTEMPS.
MOI MON PAYS EST LÀ-BAS. C'EST LE TOGO. JE POURRAIS PRESQUE TE VOIR PASSER SUR LA COURSE SI J'ÉTAIS UNE GÉANTE !!!
LÀ, C'EST CHEZ MOI !
AFRIQUE
Cap de Bonne-Espérance
Océan Indien
Cap Leeuwin
AUSTRALIE
MAIS TU L'AS DÉJÀ FAITE CETTE COURSE, NON ?
OUI ! CE SERA LA QUATRIÈME FOIS ! MAIS LES DEUX DERNIÈRES FOIS, JE N'AI PAS PU TERMINER ... ET LÀ J'AI UN BATEAU PLUS RAPIDE ET MIEUX ADAPTÉ À MA MORPHOLOGIE ET À MA MANIÈRE DE NAVIGUER !
ET C'EST TOI QUI L'AS CONSTRUIT ?
AH, NON !
TIENS, AU FAIT : COMMENT CONSTRUIT-ON UN BATEAU VOLANT COMME CELUI-CI ?
TIENS, OUI, COMMENT ?
initiatives cœur
initiatives-cœur

HÉ ! OH !
S'IL VOUS PLAÎT, GRAND-MÈRE MOUETTE ! DITES-NOUS COMMENT ON CONSTRUIT UN BATEAU VOLANT !
?
Ah vous voulez tout savoir !? C'est bien que les petites jeunes posent des questions aux anciennes. Je vais vous expliquer.
Un peu d'histoire, d'abord.
Il y a près de deux siècles, il existait déjà des bateaux qui faisaient des courses autour du monde. Les grands CLIPPERS transportaient des marchandises et essayaient toujours d'arriver les premiers dans les ports pour mieux vendre leur cargaison et vite repartir. C'étaient d'énormes bateaux, très fins et très toilés.
ON VA VOUS DÉPASSER !
CAP HORN
JAMAIS !
HISSEZ PLUS DE VOILES, IL FAUT ALLER PLUS VITE !
MAIS CAPITAINE, ON A DÉJÀ TOUT ENVOYÉ...
VEUX PAS LE SAVOIR.
Et puis les bateaux à vapeur sont arrivés et les grands voiliers ont été remplacés sur les grandes routes commerciales océaniques.
OOOH
OOOH
PLACE !
Sillonner les océans est alors devenu un sport. Les premières courses transatlantiques ont lieu au milieu du XIXe siècle. En 1905, la goélette "Atlantic" traverse l'Atlantique d'ouest en est en 12 jours !
Un record qui tiendra 75 ans !
Bateau long (57m), lourd, fin très toilé, Équipage : 50 marins. Skipper : Charlie Barr.
12 jours - 1905.
RECORD BATTU !
Trimaran de 16,5m assez léger. Équipage : 4 marins. Skipper : Éric Tabarly.
10 jours - 1980.
Après les années 1970, les monocoques de course au large évoluent rapidement grâce à des matériaux plus légers. On passe de bateaux fins et lourds à des bateaux légers, pointus, puis, de plus en plus larges à l'arrière (la poupe) et plats, comme des luges...
Aujourd'hui, même les étraves sont arrondies et les bateaux ont des foils pour voler et aller encore plus vite !
KRITER V
ÇA GLISSE !
ÇA VOLE !
1978
1990
2020

LES FOILS, C'EST COMME NOS AILES, NON ?
Presque. Grâce à leur forme, avec la vitesse, tes ailes créent une différence de pression de l'air entre leurs deux faces, ce qui génère une force qui te tire vers le haut.
Le foil, dans l'eau, fonctionne de la même manière.
FORCE
pression moins forte
Vitesse
FLUX D'AIR
Vitesse
FORCE
pression moins forte
FLUX D'EAU
En 1861, en faisant des expériences pour développer les premières ailes d'avions, Thomas Moy, un anglais, fait voler un canot équipé de plans porteurs dans un canal... Et invente le foil sans le vouloir !
projet jamais réalisé
MAIS !?! ON SE SOULÈVE !!
AOH, IT'S INCREDIBLE !
WHAT ?? QU'AURAIT PENSÉ ARCHIMÈDE ?
Des essais sont faits sur des bateaux à moteur et il faut attendre 1941, puis 1955, pour que des voiliers décollent et naviguent parfaitement stables.
MONITOR GORDON BAKER
FLASH
vitesse : 25 nœuds !
En 1976, Éric Tabarly navigue sur le premier trimaran de course équipé de foils. Mais, trop lourd, il ne peut pas voler...
ON BAT TOUT DE MÊME LE RECORD DE L'ATLANTIQUE !
Puis Tabarly imagine l' "Hydroptère", un trimaran plus léger qui, développé par Alain Thébault, dépassera pour la première fois la barre des 50 nœuds (environ 100 km/h) sur 500 mètres en 2009.
FL... CRASH
51,36 nœuds !!
Enfin, depuis les années 2010, les bateaux de course au large volants, monocoques ou multicoques, se généralisent ; la technique est de plus en plus au point et les matériaux suffisamment résistants.
6.50
Mini 6,50 : Transatlantiques.
IMOCA 60 pieds (18,28 m) : Tours du monde, en solitaire ou en équipage.
ULTIMS (32 m de long, 23 m de large) : Tours du monde, en solitaire ou en équipage.

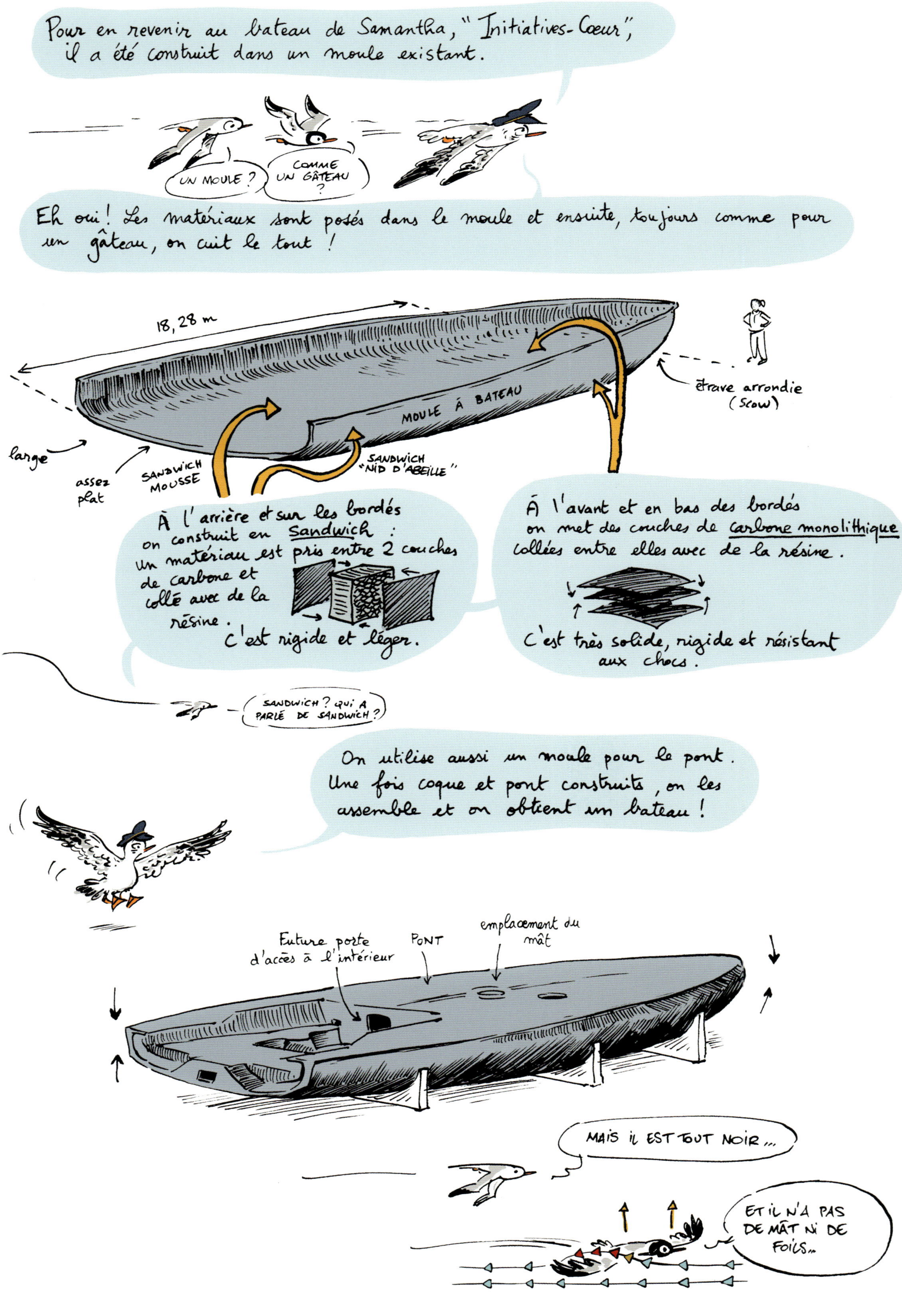

Pour en revenir au bateau de Samantha, "Initiatives-Coeur", il a été construit dans un moule existant.
UN MOULE ?
COMME UN GÂTEAU ?
Eh oui ! Les matériaux sont posés dans le moule et ensuite, toujours comme pour un gâteau, on cuit le tout !
18,28 m
MOULE À BATEAU
étrave arrondie (Scow)
large
assez plat
SANDWICH MOUSSE
SANDWICH "NID D'ABEILLE"
À l'arrière et sur les bordés on construit en sandwich : un matériau est pris entre 2 couches de carbone et collé avec de la résine. C'est rigide et léger.
À l'avant et en bas des bordés on met des couches de carbone monolithique collées entre elles avec de la résine. C'est très solide, rigide et résistant aux chocs.
SANDWICH ? QUI A PARLÉ DE SANDWICH ?
On utilise aussi un moule pour le pont. Une fois coque et pont construits, on les assemble et on obtient un bateau !
Future porte d'accès à l'intérieur
PONT
emplacement du mât
MAIS IL EST TOUT NOIR...
ET IL N'A PAS DE MÂT NI DE FOILS...

Vous avez raison. Le bateau est loin d'être fini à ce stade. Il est transporté à Lorient, dans le hangar de l'équipe Initiatives-Cœur, qui va poursuivre sa construction. Il reste plus de la moitié du travail à faire avant d'obtenir un bateau prêt à traverser les océans !
AH, LÀ, ON CONNAÎT !
LA BASE DES SOUS-MARINS DE LORIENT, C'EST CHEZ NOUS !
Et voilà l'équipe Initiatives-Cœur !
Jack, le skipper remplaçant de Samantha !
Sam Sam, au composite.
Jay, aux systèmes et accastillage.
Vittoria, aux gréement et cordages.
Anne, en mécanique et hydraulique.
Joseph, à l'électronique, l'énergie et l'informatique.
Anne-Claire et Matthieu, au bureau d'études.
David et Caroline, à la direction, la gestion de l'équipe et l'organisation.
PLANNING
ATTENDEZ-MOI, JE DOIS FINIR DE STRATIFIER CETTE PIÈCE...
C'EST LA PAUSE ! LES MERGUEZ SONT PRÊTES !
MIAM ! ON ARRIVE !
HEUREUSEMENT QUE TOUS LES CORDAGES ONT DES COULEURS DIFFÉRENTES !
Il y a près de 2 km de cordages sur ce bateau !!
ET VOILÀ CE SUPERBE SIÈGE FAIT MAISON, MOULÉ SUR TA MORPHOLOGIE, SAM !... ET IL SERA MONTÉ SUR AMORTISSEURS !

Tout au long de la conception du bateau et de sa construction, l'équipe doit faire de nombreux choix. Par exemple, pour les foils, les architectes ont proposé plusieurs options.
OH, ÇA ME DONNE UNE IDÉE...
Sam Manuard, l'architecte du bateau.
POLYVALENT
- DÉCOLLE ASSEZ VITE
- ASSEZ STABLE EN VOL
EN "V"
⊕ : STABILITÉ EN VOL
⊖ : A BESOIN DE VITESSE POUR DÉCOLLER
SPÉCIAL VITESSE
⊕ : DÉCOLLE À FAIBLE VITESSE
⊖ : MOINS STABLE EN VOL
LES FOILS POLYVALENTS, C'EST BIEN, NON ?
OUI...
INITIATIVES CŒUR FOILS
INITIATIVES CŒUR VOILES
À mon âge, je préfère la polyvalence...
EN DÉCOLLANT D'UNE FALAISE, JE SUIS HYPER STABLE !
AÏE... UN TROU D'AIR !
Bon... Sur l'eau, j'ai plus de mal, je manque de vitesse...
Reprenons... Pour faire fonctionner les systèmes du bateau, il faut de l'énergie ! L'équipe doit choisir les équipements les plus efficaces pour générer cette énergie.
Antenne satellite
LES ÉQUIPEMENTS QUI PRODUISENT DE L'ÉNERGIE :
• Les panneaux solaires
• Les 2 hydrogénérateurs : à l'arrière du bateau, ils ont une hélice qui produit de l'électricité en tournant grâce à la vitesse du bateau.
• Le moteur diesel : seule source d'énergie non renouvelable, il est utilisé le moins possible. Sam peut faire le tour du monde avec seulement l'équivalent de 3 pleins d'essence de voiture...
LES SYSTÈMES QUI CONSOMMENT DE L'ÉNERGIE :
• Le pilote automatique : il actionne la barre en fonction du cap choisi ou en fonction d'un angle par rapport au vent défini. Sam, seule à bord, n'a pas le temps de barrer !
• L'informatique : le bateau est équipé de nombreux capteurs et d'un ordinateur de bord (pour les cartes, la météo...)
• Le dessalinisateur : produit de l'eau douce à partir d'eau de mer. INDISPENSABLE !! Car Sam a peu de réserves d'eau à bord.
• Le radar et l'antenne satellite : pour recevoir la météo et envoyer des messages et vidéos !

EH MAIS ! GRAND-MÈRE MOUETTE... ON N'A PAS OUBLIÉ LE VRAI MOTEUR ?
AH MAIS OUI
Le vrai moteur ? Mais c'est un voilier.
Ah mais oui ! Les voiles !
Ce sont les voiles, le moteur du bateau ! Suis-je bête, ha ! ha !
Les voiles sont tenues par un mât. Là, pas de choix à faire, tous les bateaux du Vendée Globe, les IMOCA, ont le même mât. Il mesure 27m de haut ! Comme un immeuble de 9 étages !
27m
Éole
"J4" ou tourmentin
"J3" ou trinquette
"J2" ou Solent
"J0" gennaker plat
"FR0" petit gennaker
"FR0" petit gennaker
"A3" grand gennaker de tête
"La Mule" !
PRÈS
PRÈS
REACHING
REACHING
PORTANT
PORTANT
VENT FORT
VENT FAIBLE
Voile spéciale pour le portant dans le Grand Sud (océans Indien et Pacifique).
Les skippers peuvent emporter 8 voiles : une grand-voile et 7 voiles d'avant. Pour ces dernières, les choix sont cruciaux et dépendent des conditions de vent attendues pendant le tour du monde et de la stratégie de chaque skipper.
IL N'Y A PAS DE SPI ?
Eh non, comme le bateau va vite tout le temps, le vent apparent (créé par la vitesse du bateau en plus du vent réel) n'est jamais très loin de l'axe du bateau... Donc pas besoin de voiles très creuses !
ET LA PETITE FILLE SUR LA GRAND-VOILE ?
A3
C'est Naylah, qui vient de République Démocratique du Congo. Elle a été opérée du cœur grâce à Mécénat Chirurgie Cardiaque quand elle avait 6 ans...
Titouan Lamazou, artiste-peintre et navigateur, a réalisé son portrait, qui a été peint sur la grand-voile d'Initiatives-Cœur ensuite !

* prononcer "Boute"

IL FAUT AUSSI RÉDUIRE LA GRAND-VOILE !... ON DIT QU'ON PREND UN RIS. D'ABORD, ON CHOQUE LA DRISSE DE GRAND-VOILE...
TU UTILISES VRAIMENT DES MOTS BIZARRES !
PUIS, JE PRENDS LA BOSSE DE RIS ET J'ÉTARQUE LA VOILE ! EN... HUMPF... MOULINANT !!
HA ! HA ! HEUREUSEMENT QU'IL Y A UN LEXIQUE À LA FIN DU LIVRE !
IL FAUT ENCORE RANGER LE J0, LE REMETTRE DANS SON SAC ET LE DESCENDRE DANS LA SOUTE... C'EST TRÈS LOURD !
EN ESSAYANT DE NE PAS TROP ME FAIRE MOUILLER...
OHLÀLÀ ! TOUT CE TRAVAIL !
Résumé des manœuvres :
Grand-voile
J0
J3
MOULINE MOULINE
J0 et J3 enroulés
MOULINE MOULINE
J2 déroulé
J0 affalé et rangé
1 Ris dans la grand-voile
MOULINE MOULINE
OUF !
BATEAU PRÊT POUR LE COUP DE VENT !
ET VOILÀ ! MAINTENANT ON PEUT PRENDRE LE GOÛTER !
J'AI CHAUD ! MAIS SI JE NE FAIS PAS TOUT ÇA, JE NE PEUX PAS TENIR LE BATEAU QUAND LE VENT MONTE... IL VA TROP VITE, IL SE COUCHE SUR L'EAU, ON RISQUE DE CASSER DES PIÈCES !
MAIS C'EST HYPER DUR ! COMMENT ARRIVES-TU À FAIRE TOUT ÇA TOUTE SEULE SUR UN BATEAU QUI BOUGE TOUT LE TEMPS ?!
BONNE QUESTION. COMMENT SAM FAIT-ELLE POUR ACCOMPLIR CES PROUESSES PHYSIQUES ?
OUI, COMMENT ?

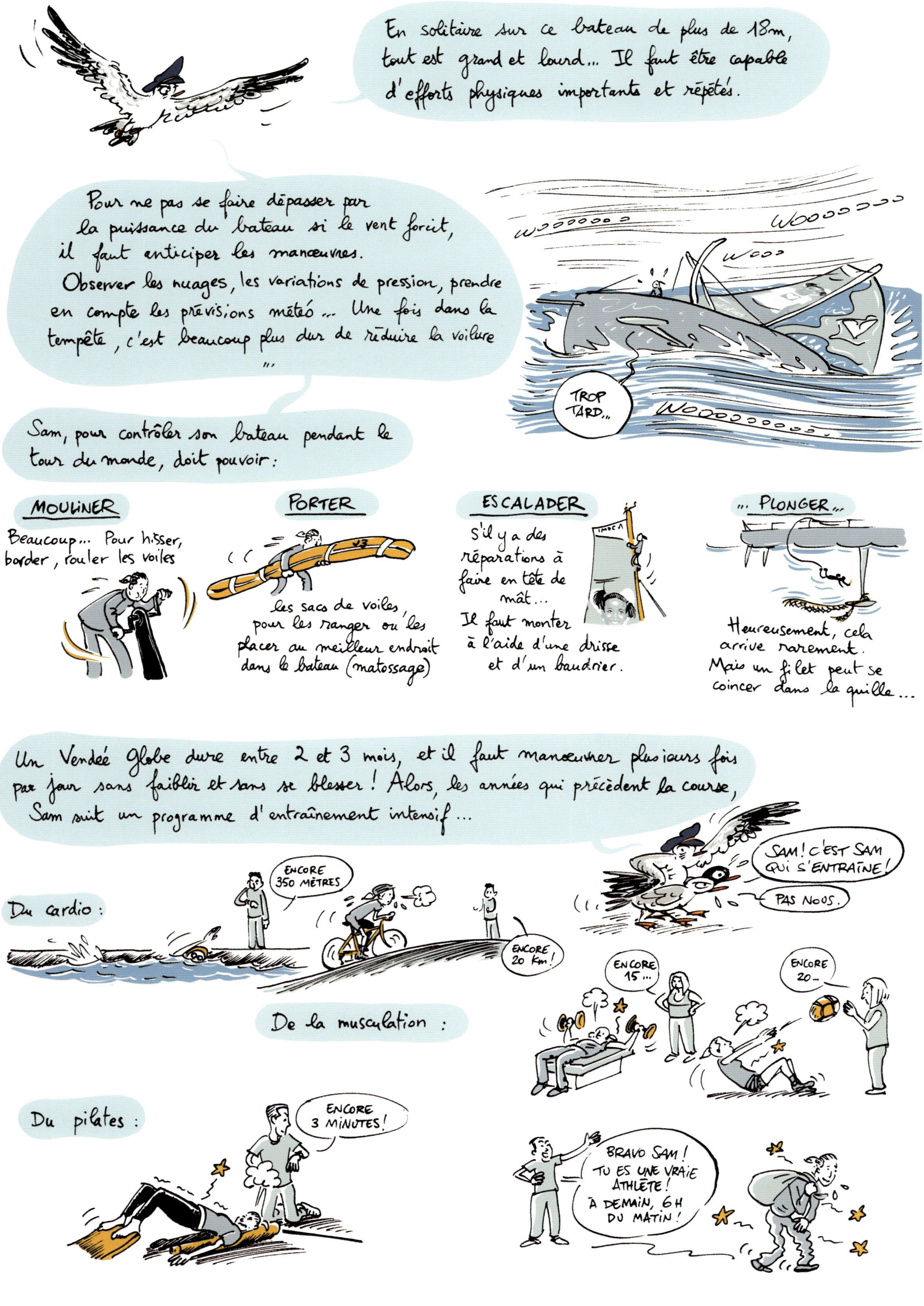
En solitaire sur ce bateau de plus de 18m, tout est grand et lourd… Il faut être capable d'efforts physiques importants et répétés.
Pour ne pas se faire dépasser par la puissance du bateau si le vent forcit, il faut anticiper les manœuvres. Observer les nuages, les variations de pression, prendre en compte les prévisions météo… Une fois dans la tempête, c'est beaucoup plus dur de réduire la voilure…
WOOOOOOOO
WOOOOOOOOO
WOOO
TROP TARD…
WOOOOOOOOOO
Sam, pour contrôler son bateau pendant le tour du monde, doit pouvoir :
MOULINER
Beaucoup… Pour hisser, border, rouler les voiles
PORTER
les sacs de voiles, pour les ranger ou les placer au meilleur endroit dans le bateau (matossage)
ESCALADER
S'il y a des réparations à faire en tête de mât… Il faut monter à l'aide d'une drisse et d'un baudrier.
… PLONGER…
Heureusement, cela arrive rarement. Mais un filet peut se coincer dans la quille…
Un Vendée Globe dure entre 2 et 3 mois, et il faut manœuvrer plusieurs fois par jour sans faiblir et sans se blesser ! Alors, les années qui précèdent la course, Sam suit un programme d'entraînement intensif…
SAM ! C'EST SAM QUI S'ENTRAÎNE !
PAS NOUS.
Du cardio :
ENCORE 350 MÈTRES
ENCORE 20 Km !
De la musculation :
ENCORE 15…
ENCORE 20…
Du pilates :
ENCORE 3 MINUTES !
BRAVO SAM ! TU ES UNE VRAIE ATHLÈTE ! À DEMAIN, 6H DU MATIN !

* On est dans les mers du Sud ! Épisode vécu lors du précédent Vendée Globe.

ÇA VA YAWA-OLIVIA ?
OUI ! J'AIME BIEN QUAND ÇA BOUGE !
initiatives cœur
TU AS DE LA CHANCE DE NE PAS AVOIR LE MAL DE MER !
BEAUCOUP DE MES COLLÈGUES MARINS EN SOUFFRENT, SURTOUT AU DÉBUT DES COURSES... APRÈS, ON S'HABITUE.
OH, REGARDE LÀ-BAS, UN GRAIN ARRIVE SUR NOUS, LE VENT VA ENCORE FORCIR, RENTRONS ! ET ACCROCHE-TOI !
ON REDÉCOLLE ! YAHOUUUUUUU !
WWOUUUUUUUUUU
initiatives cœur
initiatives-cœur
WIIIIIIIIIIIIII
?
HA ! HA ! J'ADORE !!
WIIIIIIII
CRAC !

QU'EST-CE QUI SE PASSE ?? ON VA COULER ?
BIP BIP BIP
NON NON, NE T'INQUIÈTE PAS... TU NE T'ES PAS FAIT MAL ?
FLAP FLAP FLAP
NON ÇA VA... MAIS POURQUOI LE BATEAU S'EST COUCHÉ ?
ON A FAIT CE QU'ON APPELLE UN DÉPART AU LOF... ON DIT AUSSI UN "VRAC" ! MAIS QUELQUE CHOSE A CASSÉ. JE REMETS LE BATEAU À PLAT ET JE VAIS CHERCHER CE QUE C'EST.
UN PEU PLUS TARD...
TOUT S'EST EMMÊLÉ...
ÇA Y EST, J'AI TROUVÉ ! C'EST UNE PANNE SUR LE PILOTE AUTOMATIQUE ! C'EST POUR ÇA QUE LE BATEAU EST SORTI DE SA ROUTE... JE M'Y COLLE !
CLANG ! PAF !
PEEEEERCE PEEEEERCE PEEEEERCE
PONCE PONCE PONCE
CLANG CLANG CLANG
HÉ BIEN, TU SAIS MÊME BRICOLER ... TU ES VRAIMENT FORTE !
HA OUI, IL FAUT SAVOIR TOUT FAIRE... SI ÇA CASSE AU MILIEU DE L'OCÉAN, JE DOIS ME DÉBROUILLER !
MAIS COMMENT SAM A-T-ELLE APPRIS À TOUT RÉPARER SUR SON BATEAU ?
OUI, COMMENT ?
CLANG CLANG

Pour savoir réparer un bateau si complexe, il faut d'abord bien le connaître.
siège
Déjà, à la conception du bateau, l'équipe, avec les architectes, a choisi, conçu et fabriqué de nombreuses pièces. Donc Sam les connaît et sait comment les réparer si besoin.
Puis, pendant le chantier, Sam a suivi et participé au montage de nombreux équipements.
Il faut encore savoir réparer la structure de la coque et d'autres organes du bateau, comme lors du précédent Vendée Globe, où Sam avait dû restratifier son puits de quille, fissuré après un choc.
RÉSINE
tissus de carbone
Stratifier consiste à superposer des couches de tissus de carbone (fins et souples), collées entre elles par de la résine. L'ensemble, en séchant, devient rigide et résistant.
PAS SUPER PRATIQUE QUAND ON A DES AILES ...

Mais ce n'est pas tout... Sam doit connaître tous les circuits électriques, les appareils électroniques...
LÀ, TU VOIS, CES FILS SONT À CONNECTER AU BOÎTIER ...
ET ENSUITE JE BRANCHE L'AFFICHEUR, COMPRIS !
... les pièces mécaniques...
C'EST LE BOUT POUR RENTRER LE FOIL QUI EST ABÎMÉ ...
... savoir réparer cordages et voiles.
puits de foil
HEUREUSEMENT, J'AI DE BONS YEUX...
patch collé sur une déchirure
couture sur la bordure
Vous voyez qu'un bateau comme Initiatives-Cœur est un petit monde ! Durant son tour du monde, Sam sera bien occupée, entre la navigation, l'entretien et les inévitables réparations de son fidèle destrier !
BON VENT, YANN !
BON VENT SAM ! COMME TU VOIS, JE PRÉFÈRE LES BATEAUX PLUS PETITS ET PLUS SIMPLES !!
Baluchon
Ça c'est Yann Quenet, qui a fait un tour du monde sur "Baluchon", un voilier de seulement 4m !!

4.3 kt
ET VOILÀ, C'EST RÉPARÉ ! YAWA-OLIVIA, PEUX-TU APPUYER SUR "-20°" SUR LA TÉLÉCOMMANDE DU PILOTE ? ON VA S'ÉLOIGNER DU VENT ET REPRENDRE DE LA VITESSE.
OK
OH ! ON ACCÉLÈRE D'UN COUP !
OUI ! ET TU ENTENDS, LE BATEAU SE MET À SIFFLER ... IL EST CONTENT D'ACCÉLÉRER ...
WIIIIIIIIIII
C'EST IMPORTANT AUSSI DE BIEN CONNAÎTRE TOUS LES BRUITS DU BATEAU ...
BONG
LÀ, ON VIENT DE TAPER DANS UNE VAGUE ...
LÀ, C'EST LE VENT QUI SOUFFLE PLUS FORT, ÇA FAIT VIBRER UN HAUBAN. ON ACCÉLÈRE ENCORE !
WIIIIIIIIIIII
À FORCE ON S'HABITUE À CES BRUITS ET DÈS QU'IL Y EN A UN QU'ON NE CONNAIT PAS, ON EST EN ALERTE.
?
BIP BIP BIP BIP ALERTE COLLISION BIP BIP
LÀ C'EST UNE ALARME QUI M'INDIQUE QU'UN BATEAU PASSE PRÈS DE NOUS. QUAND JE NAVIGUE SEULE, JE NE PEUX PAS TOUT LE TEMPS SURVEILLER LES ALENTOURS, DONC CES "BIPS" SONT BIEN PRATIQUES, MÊME S'ILS CASSENT LES OREILLES !
OH ! VIENS VOIR DEHORS !

* Pen Duick en breton.

HI HI
HA HA
Puisque vous ne me posez pas la question, je vous le dis directement…
En plus de bien connaître et savoir réparer son bateau, Sam doit bien sûr savoir le faire avancer au mieux dans toutes les conditions.
Cela nécessite de nombreuses heures d'entraînement sur l'eau, mais ce n'est pas suffisant…
J'AVANCE SUPER BIEN !
??
OK. ON VA REVOIR LES RÉGLAGES !
… Il faut aussi se confronter aux autres pour savoir si on est plus rapide, ou moins rapide qu'eux. Les courses permettent de se jauger par rapport au reste de la flotte. Elles permettent aussi de travailler la stratégie et l'analyse de la météo.
VAUT-IL MIEUX QUE JE PASSE SOUS CE NUAGE, À SA GAUCHE OU À SA DROITE ?
Le bateau est équipé de très nombreux capteurs, qui enregistrent énormément de données pendant les navigations.
VITESSE DU VENT
ANGLE DU VENT
VITESSE
VOILES UTILISÉES
ANGLE DE QUILLE
TENSION DU GRÉEMENT
ETC. !
MODE D'EMPLOI
En réalité, tout est sur ordinateur !
Au bureau, l'équipe analyse toutes ces données et, après plusieurs mois, ils arrivent à rédiger un mode d'emploi du bateau pour que Sam, quand elle est seule à bord, fasse très vite les bons réglages.
Elle peut ensuite plus facilement affiner ces réglages, qui dépendent des conditions de mer, de vent, mais aussi de sa forme physique et de sa fatigue…

6 mois avant le Vendée Globe, Sam participe à "The Transat", une course très dure entre Lorient et New York. Puis à la course retour, dans l'autre sens, entre New York et les Sables d'Olonne.
ÉTATS-UNIS
New York
Terre-Neuve
Lorient
FRANCE
Les Sables d'Olonne
Açores
OCÉAN ATLANTIQUE
Madère
ÇA FAIT BEAUCOUP DE ROUTE, ÇA !?
Ah oui... Environ 7000 miles, ou 13 000 km !
Mais le Vendée Globe, ce sont 25 000 miles à parcourir !
À New York, Sam est arrivée 3e !! Une grande performance, face à tous les meilleurs concurrents du moment !...
YEPEEEE !!
BRAAAVOOO !!
... Et Sam termine 6e de la transatlantique retour, une superbe place aussi !
Au retour au chantier, l'équipe ne chôme pas... Elle inspecte le bateau de fond en comble et note tous les travaux à faire... Comme des renforts dans le fond de coque, qui subit des gros impacts quand le bateau atterrit dans les vagues !
cœur
Encore quelques semaines de travail et le bateau sera fin prêt pour le tour du monde. Et sa skippeuse aussi !
LET'S GO !

TU VOIS,
JE M'ENTRAÎNE BEAUCOUP... CHAQUE NAVIGATION ME PERMET DE MIEUX COMPRENDRE MON BATEAU... SI DES PIÈCES DOIVENT CASSER, J'AIME AUTANT QUE CE SOIT PRÈS DE CHEZ MOI, AVEC MON ÉQUIPE PRÊTE À INTERVENIR... PENDANT LE VENDÉE GLOBE, ON N'A DROIT À AUCUNE ASSISTANCE.
CLONG!
CLING CLING
FROOOOOOOOOTTE
?
AÏE!
ON A DÛ HEURTER QUELQUE CHOSE... J'ESPÈRE QUE CE N'EST PAS TROP GRAVE...
DES BOUÉES... ET UN FILET DE PÊCHE...
coeur

IL S'EST PRIS DANS LE FOIL ET LA QUILLE... IL VA FALLOIR QUE J'AILLE L'ENLEVER...
QUOI ? COMMENT VAS-TU FAIRE ??
initia
COMMENT ? COMME ÇA !
le bateau est à la cape
PLOUF !
initiatives-cœur
initiati
JE L'AI EU !
BEEERK
PEUX-TU M'AIDER À LE REMONTER S'IL TE PLAÎT ? C'EST ASSEZ LOURD !
SUPER ! ON PEUT REPRENDRE NOTRE ROUTE !
C'EST VRAI QU'IL Y A BEAUCOUP DE DÉCHETS DANS L'EAU...
AH ÇA... ON EN VOIT PARTOUT...
ON A BIEN MÉRITÉ UN DEUXIÈME GOÛTER, NON ?...
SANS PARLER DES PETITS OBJETS QU'ON AVALE SANS S'EN RENDRE COMPTE ...

GRAND-MÈRE MOUETTE ! POURQUOI TROUVE-T-ON AUTANT D'OBJETS DANS L'EAU ?
Vous voulez vraiment en parler ?
Le plastique ... Il est partout. En surface et surtout au fond de l'océan.
Les hommes en rejettent l'équivalent d'un camion par minute dans les rivières et les mers. En 2030, cela pourrait monter à 2 camions par minute.
REBUT & Cie
MAIS STOP !
OUHLÀ ! SI JE COMPTE BIEN, ÇA FAIT PLUS D'UN MILLION DE CAMIONS DE PLASTIQUE REJETÉ DANS LES OCÉANS TOUS LES ANS...
En se dégradant, ces plastiques deviennent minuscules et sont mangés par toutes les espèces vivant sur ou dans les océans...
CH'EST MÊME PAS BON.
Microplastiques
AU TOGO, CHEZ MOI, IL Y A PLEIN D'ENDROITS OÙ ON TROUVE DU PLASTIQUE PAR TERRE... DANS DES RUES, DES PLAGES... ÇA FINIT SÛREMENT DANS LA MER ...
Une des premières solutions : moins en produire ! Et aujourd'hui, presque tout le plastique produit est à usage unique... Tout ça pour quelques secondes ou minutes d'utilisation... Il existe plein de solutions pour que les humains évitent d'utiliser ces bouteilles, ces bidons, ces emballages, etc. Et nous rendre la vie plus belle !

En course au large, les équipes commencent à réfléchir à des solutions pour réduire les déchets et faire baisser l'impact carbone de la construction des bateaux et du transport (les équipes rejoignent les ports d'escales par la route ou par les airs. Les bateaux sont souvent ramenés par cargo après une course).
Plusieurs projets de recherche testent des matériaux issus de végétaux et de résines recyclables tout en réfléchissant à un cycle de vie durable.
culture de lin
Fibre de lin
CHAUFFAGE (POLYMÉRISATION)
Tissu COMPOSITE RIGIDE
Coque de bateau
Fin de vie
Broyer, dépolymériser
RÉCUPÉRATION
RÉSINE
MAIS IL Y AURA TOUJOURS DES DÉCHETS ET BESOIN DE BEAUCOUP D'ÉNERGIE POUR PRODUIRE CES MATÉRIAUX INNOVANTS. ON N'A PAS DIT QUE CE SERAIT BIEN DE MOINS PRODUIRE ?
Futée la mouette !
Alors que faut-il faire ? Construire moins de bateaux ? Les rendre plus solides (mais plus lourds) pour qu'ils durent plus longtemps ? Aller moins vite ? Car plus les bateaux vont vite, plus les risques de collision avec des animaux sont grands…
Le "Pingoin" premier bateau d'Initiatives-Cœur en 2012-2013 a été utilisé en course pendant 23 ans !
BLAM!
Aïe!
… et plus les risques de chocs violents sont importants pour les skippers, quand le bateau atterrit dans des vagues…
Aujourd'hui, plusieurs courses sont organisées sur des bateaux anciens, plus simples, plus lents, parfois sans appareils électroniques, à l'ancienne, quoi !
Ancienne comme moi …
Et des projets de transport de marchandises à la voile recommencent à voir le jour.
MINEHAHA
MAIDEN
Golden Globe Race. Kirsten Neuschäfer, gagnante en 2022.
Ocean Globe Race. Heather Thomas et son équipage, gagnantes en 2023.

initiatives
cœur
BANC
DES
TRUIES
ET VOILÀ, ON ARRIVE À LORIENT !

ET MOI JE VAIS RETROUVER MA FAMILLE D'ACCUEIL... ET PUIS JE RENTRERAI CHEZ MOI AU TOGO !
TU ES IMPATIENTE ?
OH OUI, J'AI TROP ENVIE DE REVOIR MES PARENTS, MES FRÈRES, MES AMIS !
CE QUI ME FAIT PLAISIR, C'EST QUE TU AS L'AIR TRÈS EN FORME ! TON OPÉRATION DU COEUR EST UN SUCCÈS ! TU AS PLEIN D'ÉNERGIE, TU POSES PLEIN DE QUESTIONS !
À MOI MAINTENANT DE TE DEMANDER, SI TU VEUX BIEN, DE ME RACONTER TON HISTOIRE !
HI HI, D'ACCORD !
AH QUAND MÊME !
PAS TROP TÔT QU'ELLE NOUS RACONTE SON HISTOIRE !
initiatives cœur

J'HABITE À KOUMA KONDA, UN PETIT VILLAGE À L'EST DU TOGO...
... AVEC MES PARENTS, MES DEUX FRÈRES...
... ET AUSSI MES GRANDS-PARENTS.
J'AI PLEIN D'AMIS ! ON SE VOIT TOUT LE TEMPS, ON VA À L'ÉCOLE ENSEMBLE...
J'AIME JOUER AVEC EUX, MAIS QUAND IL FALLAIT FAIRE DES EFFORTS PHYSIQUES, J'ÉTAIS VITE FATIGUÉE, ESSOUFFLÉE...
... ET POUR LES TÂCHES DE LA MAISON AUSSI...
JE PRÉCISE QUE CE N'EST PAS DE LA FLEMME OU DE LA MAUVAISE VOLONTÉ !

MES PARENTS M'ONT EMMENÉE VOIR UN MÉDECIN. APPAREMMENT J'AVAIS UN PROBLÈME AU CŒUR.

LE MÉDECIN NOUS A DIT QU'EN VILLE, ON POUVAIT ALLER VOIR L'ASSOCIATION MÉCÉNAT CHIRURGIE CARDIAQUE, QUI ÉTAIT DE PASSAGE... ON A PRIS UN BUS PENDANT 5 HEURES...

LES MÉDECINS DE MÉCÉNAT CHIRURGIE CARDIAQUE NOUS ONT INFORMÉS QUE MA MALADIE DU COEUR POUVAIT ÊTRE OPÉRÉE, MAIS PAS AU TOGO...

J'ALLAIS DEVOIR ALLER EN FRANCE !

LÀ-BAS, UNE FAMILLE D'ACCUEIL M'ATTENDAIT ET ALLAIT S'OCCUPER DE MOI DURANT TOUT MON SÉJOUR !

GRAND-MÈRE MOUETTE !
YAWA-OLIVIA A PARLÉ DE MÉCÉNAT CHIRURGIE CARDIAQUE... QU'EST-CE QUE C'EST ?
Encore des questions ? Bon d'accord, c'est important de savoir cela. Mais après, vous me laissez voler tranquille, d'accord ?
L'association Mécénat Chirurgie Cardiaque permet à des enfants malades du cœur, qui ne peuvent être soignés dans leur pays, d'être opérés en France (île de la Réunion inclue) et en Suisse.
Depuis 1996, année de la création de l'association, 4500 enfants ont pu être opérés !
Francine Leca, première femme chirurgienne cardiaque en France, a décidé de créer cette association quand elle a reçu une lettre d'un papa iranien qui ne pouvait pas faire opérer son enfant, malade du cœur, en Iran.
1996 :
IL FAUT FAIRE QUELQUE CHOSE !
MÉCÉNAT CHIRURGIE CARDIAQUE
EN FRANCE, NOUS AVONS LES MOYENS D'OPÉRER LA PLUPART DE CES ENFANTS. IL FALLAIT OFFRIR CETTE CHANCE À DES ENFANTS D'AUTRES PAYS ! NOTRE ASSOCIATION COLLECTE DONC DES DONS ET ORGANISE LA VENUE DES ENFANTS ET LEUR SÉJOUR AVANT, PENDANT ET APRÈS L'OPÉRATION.
NOUS FORMONS AUSSI, GRATUITEMENT, DES MÉDECINS ÉTRANGERS POUR QU'ILS PUISSENT MIEUX DÉTECTER LES MALFORMATIONS CARDIAQUES.
Pour récolter de l'argent, Mécénat Chirurgie Cardiaque organise ou s'associe à des événements sportifs.
MÉCÉNAT CHIRURGIE CARDIAQUE
MÉCENAT CHIRURGIE CARDIAQUE

Le projet Initiatives-Cœur, avec Samantha Davies, sert également à récolter de l'argent pour Mécénat Chirurgie Cardiaque. Lorsque le public s'abonne, commente ou partage les contenus d'Initiatives-Cœur sur les réseaux sociaux, les sponsors (Initiatives, K-Line, Vinci Énergies, les Chocolats du Cœur) versent chacun 1€ à l'association.
Même Thomas Pesquet, depuis la Station Spatiale Internationale, incite le public à donner à Mécénat Chirurgie Cardiaque... Il a même emporté la maquette du bateau Initiatives-Cœur dans l'espace !
Une fois que l'argent nécessaire pour une opération est collecté (environ 12000€), le parcours peut commencer :
Dans le pays de l'enfant :
Pour le voyage en France, il faut des papiers ! Passeport et visa.
On va à la capitale
On remplit des formulaires, et on attend des semaines avant d'enfin recevoir les documents !
PASSEPORT
Un médecin vérifie que tout va bien et c'est le grand départ !
AIR FRANCE
J'aurai bientôt un cœur qui marche !
En France :
Mécénat Chirurgie Cardiaque contacte une famille d'accueil qui s'était portée volontaire.
DANS 2 MOIS ? OK !
Pendant que Mécénat organise le voyage (avec l'association "Aviation sans Frontières") et le séjour à l'hôpital pour l'opération, la famille prépare l'arrivée de l'enfant.
Et c'est le départ pour l'aéroport !
ATTERRISSAGE AUTORISÉ !
Elle aura bientôt un cœur qui marche !

QUAND JE SUIS ARRIVÉE EN FRANCE, MA FAMILLE D'ACCUEIL M'ATTENDAIT À L'AÉROPORT.
ARRIVÉES
SORTIE
AVIATION SANS FRONTIÈRES
ILS M'ONT EMMENÉE CHEZ EUX. ON A MANGÉ DES PLATS BIZARRES...
TIENS ! C'EST DE LA CHOUCROUTE !
PUIS LA CHIRURGIENNE A REGARDÉ MON CŒUR SUR UNE DRÔLE DE MACHINE...
ET M'A DIT DES MOTS COMPLIQUÉS.
TES DEUX VENTRICULES COMMUNIQUENT ENTRE EUX... LA SORTIE DU VENTRICULE DROIT VERS L'ARTÈRE PULMONAIRE EST RÉTRÉCIE.
QUELQUES JOURS APRÈS, ILS M'ONT OPÉRÉE. JE NE M'EN SOUVIENS PAS, JE DORMAIS. JE CROIS AVOIR RÊVÉ...
ET PUIS ILS M'ONT DIT QUE J'AVAIS UN CŒUR TOUT NEUF !
J'ÉTAIS ENCORE TRÈS FATIGUÉE, JE NE VOYAIS PAS TROP LA DIFFÉRENCE.

DANS MA FAMILLE D'ACCUEIL, J'AI VITE REPRIS DES FORCES !

JE COURAIS DÉJÀ VITE MAIS MAINTENANT, J'AI L'IMPRESSION QUE JE PEUX TENIR PLUS LONGTEMPS ...

APRÈS 2 MOIS, LA CHIRURGIENNE M'A DIT QUE J'ÉTAIS GUÉRIE ET QUE J'ALLAIS POUVOIR RENTRER CHEZ MOI !

ET LÀ, UNE PERSONNE DE MÉCÉNAT CHIRURGIE CARDIAQUE M'A PROPOSÉ D'ALLER À LORIENT RENCONTRER L'ÉQUIPE INITIATIVES-COEUR ET PEUT-ÊTRE FAIRE UN TOUR EN MER !

EN MER ?
ÇA ME FAISAIT UN PEU PEUR, JE NE CONNAISSAIS QUE LES PIROGUES DES PÊCHEURS QUI ESSAIENT TOUS LES JOURS DE PASSER LES GROSSES VAGUES SUR LES PLAGES DE MON PAYS.

... ET TU M'AS PROPOSÉ DE FAIRE UNE NAVIGATION D'ENTRAÎNEMENT AVEC TOI... MERCI ! C'ÉTAIT INCROYABLE !...
ET TU T'ES DÉBROUILLÉE COMME UNE CHEFFE !

AH! VOILÀ DES MEMBRES DE MON ÉQUIPE, ILS VONT NOUS AIDER À ACCOSTER.
initiatives cœur

LORIENT LA BASE
ENFIN DE RETOUR CHEZ NOUS ...

LORIENT "LA BASE"
CLAP CLAP CLAP CLAP CLAP CLAP CLAP CLAP CLAP
-cœur
ALORS, LA MER ?
C'ÉTAIT GÉNIAL !! SAM M'A TOUT EXPLIQUÉ ! JE ME SUIS FAIT ARROSER, ON A CHANGÉ DES VOILES, ON A CASSÉ UN TRUC, ELLE A RÉPARÉ, ELLE A PLONGÉ, ON A VU DES MOUETTES QUI NOUS SUIVAIENT ET ON A MÊME FAILLI CHAVIRER !
! !!
APRÈS TOUTES CES ÉMOTIONS, TU VAS RENTRER AU TOGO ET REVOIR TA FAMILLE !
ON VOIT QUE TON CŒUR EST EN PLEINE FORME !
GUÉRI

* Yawa-Olivia a appris un peu d'anglais ... "Au revoir Sam, que les vents et la mer te soient favorables."

LE LENDEMAIN ...
TOP! DÉPART DU VENDÉE GLOBE! BON VENT À TOUTES ET TOUS! SOYEZ PRUDENTS ET FAITES-NOUS RÊVER !!
A RACE WE MUST WIN
Vendée Globe
J'AI UNE IMPRESSION DE DÉJÀ-VU, PAS TOI ?

ET TU AS COMPRIS COMMENT ON PEUT AIDER MÉCÉNAT CHIRURGIE CARDIAQUE ALORS ?
BEN OUI, C'EST SIMPLE : IL FAUT ALLER SUR LEUR SITE INTERNET, FAIRE UN DON OU ALLER SUR LES RÉSEAUX SOCIAUX, SUR LE COMPTE D' INITIATIVES-COEUR, ET S'ABONNER, COMMENTER OU PARTAGER LES PUBLICATIONS QUE SAM ET SON ÉQUIPE NOUS ENVOIENT ! FACILE, QUOI !

Lexique

Accastillage : Ensemble des petits équipements de pont d'un bateau (winches, taquets, poulies, systèmes pour rouler les voiles, etc.) nécessaires à sa manœuvre.

Allure : Position du bateau par rapport au vent. Les principales allures sont le près, le travers (ou « reaching ») et le portant (largue et vent arrière).

Bosse de ris : Cordage utilisé pour réduire la surface de la grand-voile en cas de vent fort (prendre un ris).

Bout : Terme général désignant tout cordage sur un bateau. Se prononce « boute ».

Cape : Mettre à la cape consiste à régler les voiles et la barre pour que le bateau s'arrête et dérive lentement.

Choquer : Détendre un cordage, comme une écoute, pour réduire la tension sur une voile.

Cockpit : Espace dans lequel se tient Samantha pour manœuvrer le bateau.

Drisse : Cordage utilisé pour hisser une voile.

Écoute : Cordage permettant de régler l'orientation d'une voile par rapport au vent.

Envoyer (une voile) : Hisser une voile.

Éole : Le dieu du vent dans la mythologie grecque. Terme poétique ou littéraire pour désigner le vent.

Étarquer : Tendre fortement une voile en la hissant.

Étrave : Partie avant du bateau.

Haubans : Câbles qui soutiennent le mât latéralement, l'empêchant de tomber.

Pilote : Dispositif automatique (ou manuel) qui aide à maintenir le cap d'un bateau sans intervention humaine.

Poupe : Partie arrière du bateau.

Spi (Spinnaker) : Voile légère et très grande, utilisée pour les allures portantes (vent de travers au vent arrière).

Winch : Treuil utilisé pour enrouler ou dérouler les cordages sous tension, facilitant leur manipulation en démultipliant les forces.